日本料理を展開する

——時代をつかむ料理の作り方——

大田忠道　著
百万一心味　天地の会

旭屋出版

目次

3章

合わせ酢・ドレッシングを展開する

6章

調理技法を展開する

本書をお読みになる前に

●本書の計量単位は、大さじ1（15㎖）、小さじ1（5㎖）です。
●本書に掲載している料理の分量は2人前が基本ですが、場合によって異なります。レシピに応じて各々記載しているのでご注意ください。特に記載のない場合は作りやすい分量です。
●野菜の皮を剥く、キノコの石突きを切り落とすなど、細かな下ごしらえに関しては割愛しています。
●本書によく登場するだし・調味料に関しては巻末P134〜135に作り方や配合を紹介しています。必要に応じてご参照ください。
●調理手順内における「立て塩」は、海水程度の塩水を指します。主に魚介の下洗いや下味などに用います。

1章

だしを展開する

日本料理において、だしは料理づくりの基本。昆布とカツオ節から引く基本のだしは、素材の持ち味を引き出し、日本料理のおいしさを決める、伝統が生み出した素晴らしいものです。しかし現在は、食材が多様化し、素材の持ち味が変化。さらに現代人はフレンチ、イタリアン、中華料理、韓国料理…と、普段から様々な食を楽しみ、嗜好も多様化しています。そうした時代変化の中で、新しい日本料理の味、料理づくりが求められ、伝統に裏打ちされただしづくりも、多様化することが必要とされてきています。

　たとえば昆布とカツオ節から引いた一番だしにチーズやトマトを加えることで洋風のおいしさを生み出す、ウニや貝のエキスを加えてコクや旨みのある味わいをつくり出す…といった新しい味づくりの展開が、現代人の嗜好を捉えます。

　こうしただしの展開が、日本料理の世界をさらに拡げていきます。

鱧だし

トマトだし

豆乳だし

チーズだし

潮だし

雲丹だし

チャウダーだし

鱧鍋

ハモの骨から出る澄んだ旨みと
だしに溶け込んだ玉ネギの上品な甘みが抜群の相性。
秋はマツタケを具材にすると華やかです。

材料（2人前）

鱧だし…400㎖　ハモ…200g　玉ネギ…1個　青ネギ…適量　マツタケ…2本

〈薬味〉スダチ・一味唐辛子・ユズ皮…各適量

作り方

❶ハモは骨切りしてひと口大に切り、5㎝長さに切った青ネギを巻く。マツタケは食べやすい大きさに割く。

❷玉ネギを繊維に沿ってスライスし、鱧だしと共に鍋に入れる。玉ネギにある程度火が通ったら①を加えて煮る。

鱧だしの作り方

合わせだし（P134参照）**1ℓ**、**玉ネギ（スライス）1と1／2個**、**ハモの骨と頭（ぶつ切り）1尾分**、**酒大さじ1**を鍋に合わせて中火にかけ、沸騰させないように15分ほど煮る。**塩小さじ1／2**、**薄口醤油大さじ1**で味を調えてザルで漉す。

牛肉のトマト鍋

トマトの爽やかな酸味と甘みを生かしたあっさりだし。特に牛肉の赤身と合います。お好みでゴマダレをつけてどうぞ。

材料（2人前）

トマトだし…400㎖　和牛モモ肉（スライス）…300g　水菜…1/2束　エノキダケ…60g　白ネギ…60g　ミニトマト…4個

〈付けダレ〉ゴマドレッシング（市販品）・おろしニンニク…各適量

〈薬味〉レモン（くし切り）…適量

作り方

❶水菜はざく切りし、エノキダケはほぐす。白ネギは斜め切りにする。

❷鍋にトマトだしを沸かし、①、和牛モモ肉、プチトマトを煮る。好みでおろしニンニクを加えたゴマドレッシングにつけたり、レモンを搾ったりしていただく。

トマトだしの作り方

合わせだし（P134参照）**300㎖**、**トマトピューレ160㎖**、**濃口醤油10㎖**、**みりん10㎖**を鍋に合わせ、ひと煮立ちさせる。

牡蛎のチーズ鍋

クリームチーズのコクに
白味噌のまろやかな甘みを添えた和風チーズ鍋。
ホクホクのジャガイモもお薦めです。

材料（2人前）

チーズだし…400㎖
牡蛎（剥き身）…200g
ブロッコリー…60g
カリフラワー…60g
ニンジン…40g

作り方

❶ブロッコリー、カリフラワーは小房に分け、ニンジンはひと口大に切る。各々下茹でしてザルに上げる。
❷鍋にチーズだしを沸かし、①、牡蛎を加えて煮る。

チーズだしの作り方

白味噌80g、**クリームチーズ15g**を鍋に入れて練り合わせ、**温めたカツオだし**（P134参照）**300㎖**を少しずつ加えてのばし、ひと煮立ちさせる。

豚バラ肉の豆乳鍋

ヘルシー志向が高まる中、すっかり安定した人気を得た豆乳鍋。キノコや脂身の多い豚バラ肉が特に向いています。

材料（2人前）

豆乳だし…400㎖　豚バラ肉（スライス）…100g　春菊…40g　水菜…40g　シメジ…40g　マイタケ…30g　白ネギ…60g　ニンジン…40g

〈薬味〉紅葉おろし・刻みネギ

ポン酢…適量

作り方

❶春菊、水菜はざく切りし、シメジ、マイタケは小房に分ける。白ネギは斜め切りにし、ニンジンは花型に抜いて下茹でする。

❷鍋に豆乳だしを沸かし、①、豚バラ肉を煮る。

豆乳だしの作り方

合わせだし（P134参照）**300㎖、豆乳100㎖、白醤油15㎖、みりん15㎖、旨み調味料小さじ1／3**を鍋に入れて中火にかけ、ひと煮立ちさせる。

鯛の潮鍋

鯛の中骨からとれる上等なだしを生かした粋な鍋だし。
その澄んだ味を邪魔せず
旨みを加えてくれるキノコをたっぷりと添えます。

材料（2人前）

鯛だし…400㎖　タイ（三枚に下ろしたもの）…100g　マツタケ…2本　エノキダケ…40g　春菊…40g　タイのアラ…200g　塩…少々　レモン（くし切り）…1／2個　ユズ皮（松葉に切る）…適宜

作り方

❶タイはそぎ切りし、マツタケは食べやすい大きさに割く。エノキダケは小房に分け、春菊はざく切りする。
❷タイのアラに塩をして軽く焦げ目が付くまで焼く。
❸鍋に鯛だしを沸かし、②を入れてだしを出す。①を煮る。好みでユズ皮を加え、いただく際にレモンを搾る。

トマトだしの作り方

昆布だし（P134参照）**500㎖**、**鯛の中骨1尾分**を鍋に合わせ、沸騰させせないように中火で15分ほど煮る。昆布を取り出して**カツオだし**（P134参照）**500㎖**、**酒大さじ1**を加えてひと煮立ちさせ、**塩小さじ1／2**、**薄口醤油大さじ1**で味を調える。

魚介のチャウダー鍋

伊勢エビやワタリガニのガラから出る
濃厚な旨みを余すことなく生かし、
野菜の甘みも加えた贅沢な魚介だしです。

材料（2人前）

チャウダーだし…400㎖　白味噌…50g　クリームチーズ…8g　タイ（三枚に下ろしたもの）…40g　エビ（殻付き）…2尾　ホタテ貝柱…2個　牡蛎（剥き身）…2個　シメジ…30g　ブロッコリー…40g　ジャガイモ…40g

作り方

❶タイはそぎ切りし、シメジは小房に分ける。
❷ブロッコリーを小房に分けて下茹でし、ジャガイモは皮付きのままひと口大に切って下茹でする。
❸白味噌、クリームチーズを鍋に入れて練り合わせ、チャウダーだしを少しずつ加えてのばし、ひと煮立ちさせる。①、②、エビ、ホタテ貝柱、牡蛎を加えて煮る。

チャウダーだしの作り方

タイの頭・中骨各1尾分、**伊勢エビの頭1尾分**、**ワタリガニの殻1尾分**を焦げ目が付くまで焼く。**玉ネギ（ざく切り）1個**、**ニンジン（乱切り）1／2本**、**昆布20g**、**水4ℓ**、**酒200㎖**と共に鍋に合わせ、4割ほどになるまで中火で煮詰め、ザルで漉す。

魚介の雲丹だし鍋

練りウニを豆乳で溶いた黄金色のだしは、見た目華やかで味はまろやか。タイやアワビなどリッチな魚介が似合います。

材料（2人前）

雲丹だし…400㎖
タイ（3枚に下ろしたもの）…60g
蒸しアワビ…60g
ホタテ貝柱…2個
ブロッコリー…40g
ニンジン…30g
レモン…2個

作り方

❶タイはそぎ切りし、蒸しアワビはスライスする。
❷ブロッコリーを小房に分け、ニンジンはひと口大に切る。それぞれ下茹でする。
❸①、②、ホタテ貝柱に竹串を打ち、写真のようにレモンに刺して盛り付ける。
❹雲丹だしを鍋に沸かし、③をくぐらせて火を通す。

雲丹だしの作り方

鍋に**練りウニ30g**を入れて**豆乳20㎖**で溶く。**合わせだし**（P134参照）**420㎖**を少しずつ加えて溶きのばし、**旨み調味料10g**を加える。

2章 ジュレ・醤油を展開する

日本料理の中で、つけ醤油や醤油だれは、料理に味のアクセントを持たせ、おいしさをつくり出す重要な調味料です。そして、そのつけ醤油が重要な役割を持つ代表的料理が刺身です。つけ醤油を使うことで、魚介の臭みを消すとともに、味を引き立て、食べ味に変化をもたらし、刺身の料理を豊かにしてくれます。

つけ醤油は基本の造り醤油や土佐醤油だけでなく、柑橘類や魚介の肝などを加えることでバリエーションをつけ、拡げることが可能。刺身をより楽しむことができます。

つけ醤油同様に、料理の魅力をさらにもたせるものにジュレがあります。ジュレはゼリーのフランス語で本来同じものですが、細かく崩し、ゆるく仕上げたジュレは口溶けがよいのが特長。ジュレにしただしや合わせ酢を料理に用いることで、きらきらと彩りを与え、料理をお洒落に仕上げ、新しい印象を与えることができます。

胡瓜ジュレ
八方酢ジュレ
橙酢ジュレ
黄身醤油
ポン酢ジュレ
トマトジュレ
梅醤油
枝豆醤油

甘海老とカリフラワーのピュレ 胡瓜ジュレ

美しい翡翠色をしたジュレの正体はキュウリ。色味がよいだけでなく、清々しい風味があり、エビの甘みを引き立ててくれます。

材料（2人前）

甘エビ（剥き身）…4尾
イクラの醤油漬け…20g
キュウリ…20g

〈カリフラワーのピュレ〉
カリフラワー…60g
合わせだし（P134参照）…40mℓ

胡瓜ジュレ…大さじ4

作り方

❶カリフラワーを熱湯で塩茹でし、合わせだしと共にフードプロセッサーにかけてピュレにする。
❷キュウリをピーラーで細長く剥き、円筒状に巻く。
❸カクテルグラスの1／3量ほどに①を入れ、②をのせて①を詰める。甘エビをのせてイクラの醤油漬けを天に盛る。
❹スプーンで粗く崩した胡瓜のジュレを周りに散らす。

胡瓜ジュレの作り方

鍋に**コンソメ200mℓ**を沸かし、**適量の水でふやかした粉ゼラチン5g**を溶かす。粗熱をとり、**すり下ろしたキュウリ1本**を加え混ぜ、バットに流して冷蔵庫で冷やし固める。

真河豚《まふぐ》のたたき ポン酢ジュレ

表面を香ばしく炙ったフグのたたきにふるふると口どける琥珀色のポン酢ジュレを合わせ、見映えよく食べやすい仕立てにしました。

材料（2人前）

真フグ（3枚に下ろしたもの）…100g
ブロッコリーのスプラウト…40g
ポン酢ジュレ…大さじ4
塩…小さじ1／3
イクラの醤油漬け・花穂ジソ・アサツキ（みじん切り）・ラディッシュ（スライス）・ミョウガ（スライス）・スダチ・…各適量

作り方

❶真フグに塩をして5分ほど置き、水気を拭く。
❷①の両面を強火で炙って冷水に落とし、水気を拭いてスライスする。
❸②の4切れは、ブロッコリーのスプラウトを巻く。
❹②、③を器に盛る。ポン酢ジュレをかけ、イクラの醤油漬け、花穂ジソ、アサツキを散らす。ラディッシュ、ミョウガ、スダチを添える。

ポン酢ジュレの作り方

濃口醤油80㎖、たまり醤油20㎖、煮切り酒40㎖、煮切りみりん20㎖、カツオ節ひとつかみ、昆布3㎝角を鍋に合わせてひと煮立ちさせて漉し、**適量の水でふやかした板ゼラチン5g**を溶かす。火を止めて**スダチ果汁80㎖**を加え、粗熱をとってバットに流し、冷蔵庫で冷やし固める。

浅利の酒蒸し　八方酢ジュレ

まろやかな酸味の八方酢ジュレがアサリだしにゆっくり溶けて味を変える仕掛け。たっぷりの木ノ芽とミョウガもポイントです。

材料（2人前）

アサリ（殻付き）…200g
酒…60mℓ
八方酢ジュレ…大さじ6
アサツキ（みじん切り）・ミョウガ（スライス）・木ノ芽…各適量

作り方

❶砂抜きしたアサリを酒蒸しする。
❷①を蒸し汁ごと器に盛ってスプーンで粗く崩した八方酢ジュレをかける。アサツキを散らし、ミョウガ、木ノ芽を天盛りする。

八方酢ジュレの作り方

合わせだし（P134参照）**60mℓ**、**酢・薄口醤油・みりん各10mℓ**を鍋に合わせてひと煮立ちさせ、**適量の水でふやかした板ゼラチン5g**を溶かす。粗熱をとってバットに流し、冷蔵庫で冷やし固める。

生雲丹と蒸し鮑のトマトジュレ

透明なトマトだしをジュレにして添えた魚介のカクテル仕立て。爽やかな甘みと澄んだ旨みがお洒落な味わいです。

材料（2人前）

ウニ…大さじ2
蒸しアワビ…60g
パプリカ…20g
〈アスパラムース〉
アスパラガス…500g
合わせだし（P134参照）…150㎖
牛乳…200㎖
生クリーム…100㎖
板ゼラチン…5g
トマトジュレ…100g
チャービル…適量

作り方

❶**〈アスパラムース〉**を作る。アスパラガスを熱湯で塩茹でし、合わせだしと共にフードプロセッサーにかけてピュレにする。
❷①を鍋に移してひと煮立ちさせ、適量の水でふやかした板ゼラチンを溶かす。牛乳、生クリームを加えて粗熱をとり、カクテルグラスに流して冷蔵庫で冷やし固める。
❸蒸しアワビはひと口大に切り、パプリカは5㎜角に切る。
❹②にスプーンで粗く崩したトマトジュレをのせ、③、ウニをのせてチャービルを飾る。

トマトジュレの作り方

湯剥きして1㎝角に切ったトマト150gを**昆布5㎝角**と共に**水150㎖**で10分ほど煮る。昆布を取り出してミキサーにかけてペースト状にし、目の細かい布巾などでゆっくりと自然に落とすようにして漉し、透明なトマトだしにする。**鍋にコンソメ250㎖**を沸かして粗熱をとり、**適量の水でふやかした板ゼラチン5g**を溶かしてトマトだしと混ぜ合わせる。**塩小さじ1／4**、**酢小さじ1／2**、**薄口醤油小さじ1／2**で調味し、バットに流して冷蔵庫で冷やし固める。

雲子の橙酢ジュレ

さっぱりとした酸味と華やかな香りある橙酢ジュレが、
雲子独特のクセを上手に隠します。
赤貝やトリ貝などにも合いますよ。

材料（2人前）

雲子（タラの白子）…200g
牡蛎（剥き身）…60g
橙酢ジュレ…適量
キュウリ…20g
ミニトマト…2個
酢取りミョウガ・スプラウト
…各適量

作り方

❶雲子、牡蛎は熱湯で茹でて水気をきっておく。
❷キュウリをピーラーで細長く剥いて立て塩（分量外）に5分ほど浸ける。ミニトマトは湯剥きする。
❸①を器に盛って橙酢ジュレをかけ、②、酢取りミョウガ、スプラウトを添える。

橙酢ジュレの作り方

薄口八方だし（P134参照）**500㎖**をひと煮立ちさせ、**適量の水でふやかした板ゼラチン5gを**溶かす。火を止めて粗熱をとり、**ダイダイ果汁20㎖**を加えてバットに流し、冷蔵庫で冷やし固める。

ジュレ・醤油を展開する

牛モモ肉の炙り梅醤油

レアに焼いた牛モモ肉は赤身らしい旨み濃厚。梅肉の深みある酸味を生かした醤油を合わせることであっさりといただけます。

材料（2人前）

牛モモ肉（ブロック）…200g
塩…小さじ2
梅醤油…適量
【A】ベビーリーフ・花穂ジソ・カラフルトマト・オレンジ・ニンニクチップ…各適量

作り方

❶牛モモ肉に塩を振り、両面を強火で炙ってアルミ箔で包み、15分ほどおく。
❷①をスライスして器に盛り、【A】を添える。別皿に入れた梅醤油を添える。

梅醤油の作り方

梅干し3個分の梅肉を濃口醤油50mlと合わせる。

ジュレ・醤油を展開する

トリ貝の造り 枝豆醤油

枝豆のほっくりとした甘みが
トリ貝の少しクセある香りを穏やかに包み込み
意外な相性を見せてくれます。

材料（2人前）

トリ貝…60ｇ
キュウリ…1本
ニンジン…30ｇ
ブロッコリー…30ｇ
吸地八方だし（Ｐ１３４参照）…３００㎖
枝豆醤油…適量
グリーントマト・エディブルフラワー…各適量

作り方

❶トリ貝を酢洗い（分量外）する。
❷キュウリをピーラーで細長く剥いて立て塩（分量外）に5分ほど浸ける。
❸花型に抜いたニンジンを茹で、吸地八方だし１５０㎖に浸ける。ブロッコリーは小房に分けて茹で、吸地八方だし１５０㎖に浸ける。
❹①を②で巻いて器に盛り、③、食べやすい大きさに切ったグリーントマト、エディブルフラワーを添える。別皿に入れた枝豆醤油を添える。

枝豆醤油の作り方

塩茹でした枝豆50ｇを裏漉して鍋に入れ、**温めた合わせだし**（Ｐ１３４参照）**１００㎖**でのばす。**塩3ｇ**、**薄口醤油小さじ1**で調味して**適量の水溶き片栗粉**で強めにとろみをつける。火を止めて**レモン汁45㎖**を加えてしっかり混ぜる。

鱚の昆布〆黄身醤油

昆布〆にして熟成味を出したキスに、黄身醤油のこってりした旨みがマッチ。サヨリやヒラメなどの白身魚に合う醤油です。

材料（2人前）

キス（生食用）…160g
塩…10g
昆布…30g
黄身醤油…適量
叩きオクラ・酢取りミョウガ・花穂ジソ・エディブルフラワー…各適量

作り方

❶キスを3枚に下ろして皮を引き、塩をして10分ほどおく。
❷昆布の表面を拭いて①を挟み、ラップで包んで冷蔵庫で1時間ほど寝かせる。
❸②のキスをそぎ切りして器に盛り、叩きオクラをのせて花穂ジソを飾る。エディブルフラワー、酢取りミョウガを添え、別皿に入れた黄身醤油を添える。

黄身醤油の作り方

卵黄100gを冷ました**重湯100g**と混ぜ合わせ、**濃口醤油50mℓ**で調味する。

3章 合わせ酢・ドレッシングを展開する

日本料理の中で、酢の物はメイン料理ではありません。しかし、料理の流れにアクセントをつけ、酒や食をすすめる重要な料理です。その調味料になる合わせ酢やドレッシングにバリエーションをつけることで、酢の物に新しい展開が生まれてきます。

二杯酢、三杯酢、土佐酢に加え、黄身酢やごま酢、ポン酢などまろやかな味わいの合わせ酢が作られていますが、さらに現代人の多様な嗜好に対応し、フルーツの甘みや爽やかな酸味、魚介の旨みを加えることで、新感覚の酢の物料理を作ることができます。

現在は、日本料理でも香味野菜を加えたサラダ仕立ての酢の物や刺身料理が人気を呼んでいます。そこでは、おいしさを作るドレッシングが重要な役割を担っています。一般的なフレンチドレッシングを発展させ、アンチョビやカレーなどの洋食材、梅や桜など花や実を使った新しいドレッシングを作れば、現代のお客様に喜ばれるサラダ料理が生まれます。

マンゴー黄身酢

雲丹酢

ワサビ白酢

梅ドレッシング

ニンニク玉ネギドレッシング

大葉とアンチョビのドレッシング

カレードレッシング

針魚《さより》の昆布〆 マンゴー黄身酢

甘酸っぱいマンゴー黄身酢はトロピカルな美味しさ。サヨリの繊細な甘みをグッと引き立てます。白身魚のほか、サバにも合いますよ。

材料（2人前）

サヨリ…200g　塩…6g　昆布…50g　カリフラワー…30g　ブロッコリー…30g　キュウリ…1／2本

〈ピクルス〉紫玉ネギ…1／4個　玉ネギ…1／4個　パプリカ…1／5個

【A】甘酢（P135参照）…150㎖、白ワインビネガー…50㎖

マンゴー黄身酢…適量

チャービル…適量

作り方

❶サヨリを三枚に下ろして皮を引き、塩をして15分ほどおく。

❷昆布の表面を拭いて①を挟み、ラップで包んで冷蔵庫で1時間ほど寝かせる。

❸カリフラワー、ブロッコリーは小房に分けて熱湯で茹でる。キュウリは輪切りして立て塩（分量外）に10分ほど浸けて絞る。

❹紫玉ネギ、玉ネギ、パプリカはざく切りし、ひと煮立ちさせた【A】に1時間ほど漬ける。

❺器にマンゴー黄身酢を敷き、そぎ切りした②を盛る。③、④を添えてチャービルを飾る。

マンゴー黄身酢の作り方

卵黄5個分、**砂糖大さじ1**、**酢15㎖**、**薄口醤油5㎖**を小鍋に合わせて湯煎にかけ、とろみがついたら湯煎から外す。**マンゴーピューレ25g**、**レモン汁10㎖**を加えて混ぜ合わせる。

蒸し鮑の雲丹酢

柔らかな蒸しアワビに
まったりとした雲丹酢を合わせて贅沢感のある一品に。
西京味噌の甘みもポイントです。

材料（2人前）

アワビ…160g
キャベツ…40g
【A】
合わせだし（P134参照）…360㎖
塩…適量
薄口醤油…30㎖
雲丹酢…適量
〈あしらい〉キュウリ・酢取りミョウガ・ラディッシュ（スライス）・カラフルトマト（8等分）…各適量

作り方

❶アワビを【A】と共にバットに入れてラップをする。スチームコンベクションで160℃に設定して1時間蒸し上げ、そのまま冷ましておく。
❷キュウリは松キュウリに飾り庖丁を施す。
❸器に雲丹酢を敷き、ざく切りして茹でたキャベツ、食べやすい大きさに切った①を盛る。②、酢取りミョウガ、ラディッシュ、カラフルトマトを添える。

雲丹酢の作り方

生ウニ大さじ2、西京味噌大さじ1／2、昆布だし20㎖、酢15㎖を混ぜ合わせる。

貝と鱧の姫酢がけ

白酢に梅肉を加えた姫酢は
少しクセのある貝類と相性抜群。
茹でたキャベツやブロッコリーにもよく合います。

材料（2人前）

トリ貝…30g
アカ貝…30g
ホタテ貝柱（生食用）…2個
ハモ…40g
ブロッコリー…40g
キャベツ…30g
サラダ油…大さじ2
姫酢…適量

〈あしらい〉
酢取りミョウガ・ラディッシュ（スライス）・スダチ（スライス）・チャービル…各適量

作り方

❶トリ貝、アカ貝を酢洗い（分量外）する。
❷フライパンにサラダ油を熱し、ホタテ貝柱の両面に焼き目をつける。
❸ハモを骨切りして湯引きする。
❹ブロッコリーを小房に分けて熱湯で茹でる。キャベツはざく切りして茹でる。
❺器に姫酢を敷き、①〜③を盛る。④、酢取りミョウガ、ラディッシュ、スダチを添えてチャービルを飾る。

姫酢の作り方

絹ごし豆腐300gを水切りし、布巾に包んで絞って100〜150gにする。ボウルに移して**練りゴマ大さじ1／2**、**白味噌大さじ1と1／2**、**砂糖大さじ1と1／2**、**塩小さじ2／3**、**酢大さじ1**、**薄口醤油小さじ1**を加えて混ぜ合わせる。最後に**梅肉小さじ1**を加えて混ぜ合わせる。

牛モモ肉のたたき ワサビ白酢

ワサビの爽快な辛みを利かせた白酢で
レアに焼いた牛モモ肉をあっさりとした味に。
バラ肉など脂身の多い部位にもピッタリです。

材料（2人前）

牛モモ肉（ブロック）…100g
アスパラガス…2本
カボチャ…40g
塩・コショウ…各少々
サラダ油…大さじ1
ワサビ白酢…適量
〈あしらい〉
ラディッシュ（スライス）・チャービル…各適量

作り方

❶牛モモ肉に塩・コショウを振る。フライパンにサラダ油を熱して両面を強火で焼き、アルミ箔で包み、10分ほどおく。
❷アスパラガスは熱湯で塩茹でし、カボチャはスライスしてグリルする。
❸①を3㎜厚さにスライスして器に盛り、②、ラディッシュを添える。ワサビ白酢を写真のように牛モモ肉にのせ、チャービルを飾る。

ワサビ白酢の作り方

絹ごし豆腐300gを水切りし、布巾に包んで絞って100〜150gにする。ボウルに移して**練りゴマ大さじ1／2**、**白味噌大さじ1と1／2**、**砂糖大さじ1と1／2**、**塩小さじ2／3**、**酢大さじ1**、**煮切りみりん小さじ1**、**薄口醤油小さじ1／2**を加えて混ぜ合わせ、白酢を作る。**作った白酢大さじ1**に**すり下ろしたワサビ小さじ1**、**レモン汁小さじ1と1／2**を加えて混ぜ合わせる。

蛸と夏野菜の梅ドレッシング

タコと梅肉の相性を生かしたサラダ仕立て。さっぱりとした酸味が暑い日も食欲をそそり、疲労も和らげてくれる一品です。

材料（2人前）

茹でダコ（足）…80g
キュウリ…1／2本
カラフルトマト…3個
レンコン…30g
ミョウガ…1個
ラディッシュ（スライス）…適量
甘酢（P135参照）…適量
梅ドレッシング…適量

作り方

❶キュウリはじゃばらに切って立て塩（分量外）に10分ほど漬けて絞っておく。茹でダコはぶつ切りにし、カラフルトマトは食べやすい大きさに切る。
❷レンコンは5㎜厚さの半月切りにし、下茹でする。
❸ミョウガは下茹でして甘酢に漬けておく。
❸①〜③、ラディッシュを梅ドレッシングで和えて器に盛る。

梅ドレッシングの作り方

サラダ油60㎖、**酢30㎖**、**梅肉小さじ1**、**砂糖小さじ1**、**薄口醤油小さじ1**、**塩・コショウ各少々**を混ぜ合わせる。

サーモンと貝柱のニンニク玉ネギドレッシング

ニンニクをしっかり利かせた
醤油風味の和風玉ネギドレッシングは
旨みの強い魚介類の甘みを特に引き立てます。

材料（2人前）

サーモン（生食用）…100g
ホタテ貝柱（生食用）…80g
ニンニク玉ネギドレッシング…適量
玉ネギ…1／2個
ミョウガ…2個
カラフルトマト…2個
〈あしらい〉
エディブルフラワー・チャービル・ベビーリーフ…各適量

作り方

❶サーモンはスライスし、ホタテ貝柱は塩をして一晩おき、スライスする。
❷玉ネギ、ミョウガをスライスして水にさらし、ザルにあげておく。
❸①をニンニク玉ネギドレッシングで和えて器に盛る。②のミョウガ、半分に切ったカラフルトマトをのせ、エディブルフラワー、チャービルを散らす。②の玉ネギを添え、ベビーリーフを天盛りする。

ニンニク玉ネギドレッシングの作り方

EXVオリーブ油150㎖、**白ワインビネガー50㎖**、**酢30㎖**、**砂糖小さじ1**、**薄口醤油大さじ2**、**玉ネギ（みじん切り）大さじ1**、**ニンニク（みじん切り）小さじ1／2**、**コショウ少々**を混ぜ合わせる。

豚バラ肉のしゃぶしゃぶ カレードレッシング

香味野菜をたっぷり巻いたヘルシーな豚しゃぶ。スパイシーなカレードレッシングで遊び心ある味にしました。

材料（2人前）

豚バラ肉（スライス）…100g
サラダセロリ…60g
紫玉ネギ…30g
カレードレッシング…適量

〈あしらい〉
パプリカ（細切り）・クコの実…各適量

作り方

❶豚バラ肉を80℃の湯にくぐらせて火を通し、氷水に落としてザルにあげる。
❷紫玉ネギはスライスして水にさらし、サラダセロリは適当な長さに切る。
❸②を①で巻いて器に盛る。パプリカ、クコの実を飾り、カレードレッシングをかける。

カレードレッシングの作り方

サラダ油80㎖、酢30㎖、薄口醤油30㎖、マヨネーズ大さじ1、カレー粉小さじ1、塩小さじ1／2、エシャロット（みじん切り）大さじ1、、コショウ少々を混ぜ合わせる。

鯛の霜降り 大葉とアンチョビのドレッシング

霜降りにして皮ぎしの旨みを引き出したタイに大葉の清々しい香りとアンチョビの塩気を添えた和洋折衷のカルパッチョです。

材料（2人前）

タイ（生食用）…120g
紫玉ネギ…1／2個
大葉とアンチョビのドレッシング…適量

〈あしらい〉
ブロッコリーのスプラウト・ラディッシュ（スライス）・アサツキ…各適量

作り方

❶タイを三枚に下ろして皮目を霜降りにする。
❷紫玉ネギはスライスして水にさらし、ザルにあげる。
❸薄切りした①を器に盛る。②、ブロッコリーのスプラウトをのせてラディッシュ、アサツキを飾り、大葉とアンチョビのドレッシングを写真のようにタイにのせる。

大葉とアンチョビのドレッシングの作り方

大葉30枚、アンチョビ2尾、ケッパー大さじ1、オリーブ油大さじ60㎖、サラダ油60㎖、酢30㎖、レモン汁30㎖、薄口醤油60㎖、ニンニク（みじん切り）1／4片分、砂糖小さじ1をフードプロセッサーにかけてペーストにする。

4章

和え衣を展開する

和え物はいろいろな展開ができる料理。先付けや前菜、酒の肴としても活用ができます。その多様なおいしさを支えるのが、和え衣の豊富なバリエーションです。素材をていねいに下ごしらえし、調理をした素材に和え衣を絡ませることで、料理の味わいを深めていきます。白和え、ゴマ和え、黄身酢和え、酢味噌和え、卯の花和え…といった伝統的な和え衣に加え、素材の変化に対応した新しい味わいも増やしていく必要があります。

ヨーグルト、クリームチーズ、マヨネーズ、アボカドやブドウのフルーツや柑橘類といった新しい食材を合わせた和え衣で、和え物のバラエティーはさらに拡がっていきます。

海老とナメコと枝豆の胡麻クリーム和え

柿の優しい甘みとクリーミーなゴマが実に好相性。枝豆やナメコなど食感の異なる食材を合わせ、味わいにメリハリをつけます。

材料（2人前）

エビ（剝き身）…40g
枝豆…15g
ナメコ…20g
柿…2個
紫玉ネギ…10g
胡麻クリーム…40㎖
吸地八方だし（P134参照）…適量
菊花…適量
甘酢（P135参照）…適量

作り方

❶柿の実をくり抜いて柿釜にし、くり抜いた実は拍子木切りにする。
❷エビを熱湯で茹でる。枝豆は塩茹でしてサヤを外し、薄皮を剝く。
❸ナメコを吸地八方だしで炊く。
❹菊花を茹で、甘酢に漬ける。
❺①の柿の実、②、③、角切りした紫玉ネギをボウルに合わせ、胡麻クリームで和える。
❻①の柿釜に⑤を盛り、④を天盛りする。

胡麻クリームの作り方

練りゴマ100㎖、炒りゴマ小さじ5、マスカルポーネチーズ大さじ1、砂糖小さじ2、生クリーム大さじ1、EXVオリーブ油大さじ1を混ぜ合わせ、**レモン汁大さじ1**を加えてさらに混ぜる。

帆立貝柱のカルフォルニア和え

おろし土佐酢を味のベースに
グレープフルーツの酸味とアボカドのコクをプラス。
少しお洒落な洋風和え物です。

材料（2人前）

ホタテ貝柱（生食用）…60g
ピンクグレープフルーツ…40g
グレープフルーツ…30g
アボカド…30g
ミニトマト…4個
紫玉ネギ…適量
甘酢（P135参照）…適量
チャービル…適量
おろし土佐酢…適量

作り方

❶ホタテ貝柱の表面を炙り、2cm角に切る。
❷ピンクグレープフルーツ、グレープフルーツは薄皮を剥いてひと口大に切り、アボカドは2cm角に切る。
❸ミニトマトを湯剥きして、甘酢に漬ける。
❹紫玉ネギをくし切りにし、甘酢に漬ける。
❺①～③をおろし土佐酢で和えて器に盛り、④、チャービルを飾る。

おろし土佐酢の作り方

土佐酢（P135参照）**100㎖**、**ダイコンおろし大さじ4**を混ぜ合わせる。

ホッキ貝のシャインマスカット和え

シャインマスカットのジューシーな甘みが
ホッキ貝のクセを適度に抑え、
フルーティーな風味をグッと引き立てます。

材料（2人前）

ホッキ貝…40g
シャインマスカット…4粒
シメジ…20g
紫玉ネギ…10g
野菜八方だし（P135参照）…適量
甘酢（P135参照）…適量
土佐酢ジュレ…大さじ2
軸三ツ葉・クコの実…各適量

作り方

❶ホッキ貝を塩茹でし、食べやすい大きさに切る。
❷シャインマスカットを半分に切る。
❸シメジを小房に分けて茹で、野菜八方だしで炊く。
❹紫玉ネギをくし切りにし、甘酢に漬ける。
❺①〜④、軸三ツ葉、クコの実をボウルに合わせて土佐酢ジュレで和え、器に盛る。

土佐酢ジュレの作り方

土佐酢180㎖をひと煮立ちさせ、**適量の水**でふやかした**板ゼラチン3g**を加えて溶かす。バットに流して冷蔵庫で冷やし固める。

鯛の飛子和え

トビコの強い塩味が鯛の奥に潜む甘みを引き立て、
プチプチと弾ける楽しい食感が
食べ飽きないアクセントになります。

材料（2人前）

タイ（生食用）…60g
トビコ…20g
黒豆…10g
野菜八方だし（P135参照）…100㎖
ユズ釜…2個
紅芯ダイコン…適量
甘酢（P135参照）…50㎖

作り方

❶黒豆は柔らかくなるまで水煮し、野菜八方だしに一晩漬ける。
❷紅芯ダイコンはイチョウ切りにし、甘酢に漬けておく。
❸タイを三枚におろし、皮は引いて湯引きし、身は細切りにする。
❹③のタイの身をトビコで和えてユズ釜に盛る。③のタイの皮、松葉に刺した①、②を飾る。

剣先烏賊《けんさきいか》の唐墨《からすみ》和え

カラスミの熟成した旨みと穏やかな塩気が
剣先イカのねっとりとした甘みを奥から引き出し
深みのある味にまとめ上げます。

材料（2人前）

剣先イカ（生食用）…70g
カラスミ…50g
枝豆…20g
カラスミ（飾り用）…5g

作り方

❶枝豆は塩茹でしてサヤから外し、薄皮を剥く。
❷剣先イカの胴を細切りにする。
❸剣先イカのエンペラを松葉に切って茹でる。
❹①、②をボウルに合わせ、冷凍したカラスミをすり下ろして和える。
❺器に盛り、スライスしたカラスミ（飾り用）をのせ、③を飾る。

太刀魚の昆布〆明太子和え

昆布〆したタチウオの繊細な甘みに明太子の熟成した辛みを添え、色味も鮮やかに。さらにスダチの酸味で味を引き締めます。

材料（2人前）

タチウオ（生食用）…60g
明太子…大さじ2
昆布…40g
塩…適量
キュウリ…1／2本
紫玉ネギ…15g
シメジ…10g
トマト…20g
黄パプリカ…20g
スダチ…適量
甘酢（P135参照）…適量
野菜八方だし（P135参照）…適量

作り方

❶タチウオに塩をして昆布に挟み、1時間おく。
❷キュウリを小口切りにし、立て塩（分量外）に10分ほど浸ける。
❸紫玉ネギをくし切りにし、甘酢に漬ける。
❹シメジを小房に分けて茹で、野菜八方だしで炊く。
❺トマトを湯剥きして甘酢に漬ける。
❻①を5cm長さに切り、半月切りにしたスダチと交互に重ねて器に盛る。明太子をのせて輪切りした黄パプリカを飾り、②～⑤を添える。

針魚《さより》と蛸のヨーグルト和え

白味噌のまったりとしたコクを加えた
ほんのり甘いヨーグルトソースは
鯛や太刀魚など淡白な魚介ともよく合います。

材料（2人前）

サヨリ（生食用）…50ｇ
茹でダコ（足）…30ｇ
ホタテ貝柱（ボイル）…30ｇ
枝豆…15ｇ
菊花…10ｇ
昆布…10ｇ
塩…適量
加糖ヨーグルト…大さじ2
白味噌…大さじ1
甘酢（P135参照）…50㎖
クコの実・酢取りミョウガ…各適量

作り方

❶サヨリに塩をして昆布に挟み、1時間おく。
❷枝豆を塩茹でしてサヤから外し、薄皮を剥く。
❸菊花を茹でて甘酢に漬ける。
❹加糖ヨーグルト、白味噌を混ぜ合わせる。
❺そぎ切りした①、②、③、スライスした茹でダコ、ひと口大に切ったホタテ貝柱をボウルに合わせ、④で和える。
❻⑤を器に盛り、クコの実・酢取りミョウガを飾る。

5章

揚げ衣を展開する

現在、揚げ物料理の人気は高い。現代人は洋食や中華料理をよく食べるようになり、日本料理でも揚げ物を求めるお客様が増えています。従来、日本料理の揚げ物、油物といえば天婦羅でしたが、現在、その種類は増え、変化に富んでいます。

揚げ物のおいしさは、素材の持つ味、揚げ油の香り、そして揚げ衣の風味が決め手になります。例えば同じ天婦羅でも、揚げ衣を工夫することで、料理に彩りを与え、食べ味や食感に変化を与え、個性的な揚げ物料理に昇華させることができるのです。

日本料理の揚げ衣の基本は、小麦粉と冷水と卵を混ぜ合わせたものです。そこに梅肉、青サ海苔、グリーピースなどを加えることで色彩豊かな衣になります。さらに、天婦羅の衣がわりに、あられ、ゴマ、みじん粉、短く折ったそうめんや春雨、ナッツなどを食材にまぶせば、味わいの違う魅力的な変わり揚げが展開されていくことになります。

グリーンピース衣

梅衣

赤パプリカ衣

白胡麻衣

青サ海苔衣

黄パプリカ衣

白胡麻

黒胡麻

みじん粉

キンキの利休揚げ

白ゴマの香ばしさが印象的な利休揚げと彩りよいみじん粉揚げ。二種の装いのキンキを盛り合わせました。

材料（1尾分）

キンキ…1尾（約200g）
塩…5g
〈**胡麻衣**〉
薄力粉…70㎖
水…50㎖
白ゴマ…適量
〈**みじん粉衣**〉
浮き粉・卵白・みじん粉…各適量
揚げ油…適量
ハジカミ・スダチ…各適量
南天の葉…適宜

作り方

❶キンキの内臓を取り、頭を落として身を三等分に切る。塩をして少しおき、水気を拭く。
❷薄力粉を水で溶き、①のキンキの身一切れをくぐらせ、白ゴマをまぶす。
❸①のキンキの身二切れに浮き粉をまぶし、よく溶いた卵白、みじん粉に順に衣をつける。
❹①のキンキの頭を170～180℃に温度を上げながら素揚げする。②、③は170℃で揚げる。
❺④を器に盛り、ハジカミ、スダチ、南天の葉を飾る。

秋刀魚の梅衣揚げ
雲子の赤パプリカ衣揚げ
牡蛎の白胡麻衣揚げ

サンマは梅肉で食欲をそそり、
雲子は赤パプリカで色づけて見た目よく。
牡蛎は白ゴマでよりクリーミーな味にしました。

材料（2人前）

サンマ（三枚に下ろしたもの）…60g
雲子…40g　牡蛎（剥き身）…2個
ギンナン豆腐…20g　塩…小さじ1
〈梅衣〉薄力粉…120㎖、水…100㎖、梅肉…大さじ1
〈赤パプリカ衣〉薄力粉…110㎖、水…90㎖、赤パプリカ（湯剥きしてペーストにしたもの）…大さじ2
〈白胡麻衣〉薄力粉…100㎖、水…80㎖、白ゴマ…適量
〈黄パプリカ衣〉薄力粉…120㎖、水…80㎖、黄パプリカ（湯剥きしてペーストにしたもの）…大さじ3
揚げ油…適量

※ギンナン豆腐の作り方：ギンナン40gを茹でてペーストにし、葛30g、昆布だし（P134参照）240㎖を小鍋に合わせる。中火にかけ、だまにならないように練り固め、バットに移す。表面が乾いたころに冷水で冷やし固める。

作り方

❶サンマに塩をして8cm長さに切り、梅衣をつける。
❷雲子に赤パプリカ衣をつける。
❸牡蛎に白胡麻衣をつける。
❹ギンナン豆腐に黄パプリカ衣をつける。
❺①〜④を170℃で揚げて器に盛る。

長芋レンコンの青サ海苔揚げ

青サ海苔の香りをまとわせた長芋のほか、
ゆかりが香るイカや
白ゴマの香味弾けるギンナンを盛合せました。

材料（2人前）

長芋…50g　イカ（胴）…60g　黄パプリカ…20g
ギンナン…6粒　モミジ麩…2個
〈青サ衣〉薄力粉…120mℓ、水…100mℓ、青サ海苔…大さじ2
〈ゆかり衣〉薄力粉…110mℓ、水…90mℓ、ゆかり…12g
〈揚げ衣〉薄力粉…100g、水…120mℓ、溶き卵…1個
黄パプリカ衣（P77参照）…適量
白胡麻衣（P77参照）…適量　揚げ油…適量

作り方

❶長芋をレンコンの形に成形し、青サ衣をつける。
❷イカは適当な長さに切り、ゆかり衣をつける。
❸黄パプリカはくし切りにし、黄パプリカ衣をつける。
❹串に打ったギンナンに白胡麻衣をつける。
❺モミジ麩に揚げ衣をつける。
❻①〜⑤を170℃で揚げて器に盛る。

牡蛎の黄パプリカ衣揚げと雲子の青サ海苔揚げ

色味をよくする黄パプリカ衣は食材を問わず、青サ海苔衣は魚介との相性抜群。黒ゴマ風味のトマトもオツな味ですよ。

材料（2人前）

牡蛎（剥き身）…2個　雲子…40g　赤パプリカ…10g　トマト…2個　黄パプリカ衣（P77参照）…適量　青サ衣（P78参照）…適量　梅衣（P77参照）…適量

〈黒胡麻衣〉薄力粉…110㎖、水…90㎖、黒ゴマ…適量

揚げ油…適量

作り方

❶牡蛎に黄パプリカ衣をつける。
❷雲子に青サ衣をつける。
❸赤パプリカをくし切りにし、梅衣をつける。
❹トマトを湯剥きし、黒胡麻衣をつける。
❺①～④を170℃で揚げて器に盛る。

白葱の一本揚げ

豪快なネギの丸ごと揚げに
果物の変わり揚げを添えたインパクトある一品。
サプライズ感あふれる乙なおいしさですよ。

材料（2人前）

白ネギ…2本　雲子…40g　ナシ…適量　姫リンゴ…2個　黄パプリカ衣（P77参照）…適量　ゆかり衣（P78参照）…適量　青サ衣（P78参照）…適量

〈グリンピース衣〉薄力粉…110㎖、水…100㎖、グリンピース（塩茹でして裏漉したもの）…大さじ2

揚げ油…適量

作り方

❶白ネギに黄パプリカ衣をつける。
❷雲子にゆかり衣をつける。
❸ナシにグリンピース衣をつける。
❹姫リンゴに青サ衣をつける。
❺①〜④を170℃で揚げて器に盛る。

秋刀魚の三色揚げ

黄パプリカ、青サ海苔、ゆかりと個性豊かな衣をまとわせることで、同じサンマを異なる風味で楽しめるようにしました。

材料（2人前）

サンマ（三枚に下ろしたもの）…90g
雲子…30g
モミジ麩…2個
塩…小さじ1
黄パプリカ衣（P77参照）・青サ衣（P78参照）・ゆかり衣（P78参照）・グリンピース衣（P80参照）梅衣（P77参照）…各適量
揚げ油…適量

作り方

❶サンマに塩をして8㎝長さに切り、黄パプリカ衣、青サ衣、ゆかり衣をつける。
❷雲子にグリンピース衣をつける。
❸モミジ麩に梅衣をつける。
❹①～③を170℃で揚げて器に盛る。

鯵の大葉揚げ トマトソース

大葉のせん切りを衣にしたアジの変わり揚げ。スダチの酸味爽やかな和風トマトソースで夏向きのさっぱりとした味わいに仕上げました。

トマトソースの作り方：湯剥きして角切りしたトマト2個、合わせだし（P134参照）100㎖、みりん50㎖、薄口醤油25㎖を鍋に合わせて半量になるまで煮込み、フードプロセッサーにかけてペーストにする。練りゴマ大さじ1、スダチ果汁2個分を加えてさらに混ぜる。

材料（2人前）

アジ（3枚に下ろしたもの）…150g
トマトソース…適量
塩…適量

〈天ぷら衣〉
【A】薄力粉…50g、溶き卵…1個、水…150㎖
大葉（せん切り）…3枚

揚げ油…適量
ニンジン…10g
ブロッコリー…20g
紫玉ネギ（せん切り）…適量
カラフルトマト（6等分する）…1個分
ラディッシュ（スライス）…6枚

作り方

❶アジをひと口大に切り、塩をして20分ほどおき、水気を拭いておく。
❷ニンジンはモミジ型で抜いて茹で、ブロッコリーは小房に分けて熱湯で茹でる。
❸【A】をボウルに合わせ、大葉を混ぜる。
❹①に③を絡め、170℃で揚げる。
❺器にトマトソースを敷いて④をのせ、紫玉ネギを天盛りする。カラフルトマト、ラディッシュ、②を添える。

八角の天婦羅 野菜の色衣揚げ

主役の八角はあえてスタンダードな天ぷらに。代わりに添え野菜を色とりどりの揚げ物にして味と見た目のバランスを取るのも一興です。

材料（2人前）

ハッカク…1尾
白ネギ…40g
レンコン…30g
ミニトマト…2個
塩…小さじ1
揚げ衣（P78参照）・梅衣（P77参照）・青サ衣（P78参照）・黄パプリカ衣（P77参照）…各適量
揚げ油…適量

作り方

❶ハッカクを三枚に下ろして塩をし、適当な大きさに切って揚げ衣をつける。頭は170～180℃に温度を上げながら揚げ、身は170℃で揚げる。
❷白ネギを5㎝長さに切り、梅衣をつける。
❸レンコンをスライスし、青サ衣をつける。
❹ミニトマトを湯剥きして黄パプリカ衣をつける。
❺②～④を170℃で揚げて器に盛る。

6章
調理技法を展開する

長い歴史を持つ日本料理は、先人が築いた調理法を受け継ぐと同時に新しい調理技法を取り入れながら、発展してきました。グルメ志向が高まる現在は、世界の料理技法の導入が必要になってきています。その一つが、従来日本料理では使わなかった洋食材や中華食材など新食材の活用。その次が、バルサミコ酢、豆板醤、コチュジャン、スパイス…といった世界各国の調味料の利用です。さらにマリネ、コンフィ、ババロア、エスプーマ…等々、フランス料理、イタリア料理、中華料理、韓国料理…などの調理法を取り入れることで、伝統に裏打ちされた日本料理に新しい展開が生まれてきています。

フォアグラの玉締め

フォアグラペーストをベースに白味噌とクリームチーズで旨み重厚に仕上げた茶碗蒸し。トロトロの食感がポイントです。

材料（2人前）

〈フォアグラの玉締め〉フォアグラ…500g　**【A】**白味噌…200g　クリームチーズ…150g　生クリーム…200㎖　卵（L寸）…9個　八方だし（P134参照）…100㎖　旨み調味料…小さじ1　薄口醤油…小さじ1

〈風呂吹きダイコン〉ダイコン…100g　昆布…10g

〈べっこう餡〉【B】合わせだし（P134参照）…150㎖　濃口醤油…30㎖　みりん…30㎖　砂糖…100g　水溶き片栗粉…適量

〈あしらい〉インゲン豆…20g　吸地八方だし（P134参照）…300㎖　ウニ…40g　蒸しアワビ（スライス）…60g　モミジ麩…2個　ユズ皮…適量

作り方

❶**〈フォアグラの玉締め〉**を作る。フォアグラはスチームコンベクションで160℃に設定して30分蒸し、フードプロセッサーでペーストにする。【A】を順に加えて滑らかになるまで混ぜ、漉す。

❷**〈風呂吹きダイコン〉**を作る。ダイコンを2～3㎝厚に輪切りし、皮を剥いて面取りする。昆布と共に鍋に入れ、しっかりかぶるくらい水を加える。竹串がスッと通るまで中火で30分ほど炊く。

❸インゲン豆はスジを取って熱湯で茹で、吸地八方だし150㎖に10分ほど浸けておく。

❹モミジ麩を吸地八方だし150㎖に10分ほど浸けておく。

❺耐熱性容器に②を入れて①を注ぎ、スチームコンベクションで160℃に設定して12分蒸す。

❻**〈べっこう餡〉**を作る。【B】を鍋に合わせてひと煮立ちさせ、水溶き片栗粉でとろみをつける。

❼⑥を⑤にかけ、蒸しアワビ、④、ウニ、斜め切りした③、松葉に切ったユズ皮を飾る。

鰺と野菜のマリネ 八方酢ジュレがけ

甘みを抑えたあっさりとした味わいのアジのマリネに
八方酢ジュレをたっぷりとかけ、
涼し気な洋風の装いに仕立てました。

材料（2人前）

アジ（生食用）…150g
ニンジン…30g
ダイコン…40g
黄パプリカ…20g
塩…小さじ2／3

〈マリネ液〉
白ワインビネガー…80mℓ
EXVオリーブ油…100mℓ
塩・コショウ…各少々

八方酢ジュレ（P28参照）…適量

〈あしらい〉
アサツキ・スダチ・酢取りミョウガ・ベビーリーフ…各適量

作り方

❶アジを三枚に下ろして皮を引く。塩をして水気を拭き、マリネ液に10分浸ける。

❷ニンジン・ダイコンを1cm厚に切り、黄パプリカをくし切りにする。それぞれマリネ液に15分浸ける。

❸①をやや厚めに切って器に盛り、八方酢ジュレをかけて刻んだアサツキを散らす。②、スダチ、酢取りミョウガ、ベビーリーフを添える。

蛤の潮仕立て 葉山葵オイル風

煮詰めて濃縮したハマグリのだしに
葉ワサビのピリッと抜けのある辛みを合わせ、
濃厚だけれど食べ飽きない味に仕立てました。

材料（2人前）

【A】ハマグリ…1kg、昆布…10g、水…1ℓ
マグロだし…100㎖
塩・コショウ…各少々
薄口醤油…小さじ2
水溶き片栗粉…適量

〈葉山葵オイル〉
葉ワサビ…60g
EXVオリーブ油…300㎖

〈あしらい〉
長芋…20g
花穂ジソ…適量

※マグロだしの作り方：水1ℓに利尻昆布15gを浸して2〜3時間おき、中火にかける。沸騰直前で利尻昆布を引き上げて火を止め、すぐにマグロ節15〜20gを加える。マグロ節が沈んだらアクを丁寧にすくい取り、ネル地の布で静かに漉す。

作り方

❶【A】を鍋に合わせて強火にかけ、口が開いたハマグリから取り出していく。
❷①の煮汁をザルで漉し、強火で20〜30分煮詰める。マグロだしを加え、塩、薄口醤油、コショウで味を調え、水溶き片栗粉でとろみをつける。
❸葉ワサビを刻んで茹で、60℃に温めたEXVオリーブ油と共にフードプロセッサーにかけて裏漉し、②と合わせる。
❹①を器に盛って③を注ぎ、角切りした長芋、花穂ジソを散らす。

漬物のゼリー寄せ

ゼリーに閉じ込めるだけで
印象が変わって面白いでしょう?
漬物の味を生かしたいので味付けは不要です。

材料（2人前）

柴漬け…50g
色なし柴漬け…50g
ラッキョウの漬物…40g
ラッキョウのワイン漬け…40g
京菜の漬物…40g
ユズダイコンの漬物…45g
粉ゼラチン…10g
水…360㎖

作り方

❶各漬物を細かく刻み、種類ごとにバットに移す。
❷水50㎖でふやかした粉ゼラチン、水を鍋に合わせて中火にかけ、粉ゼラチンを溶かす。粗熱をとって6等分し、①に注いで冷蔵庫で冷やし固める。
❸②を3㎝角に切って器に盛る。

サーモンのマリネ 燻《いぶ》しバターの生クリームソース

わらで燻したバターが深みある味の秘密
サーモンのほか、
マスやホタテなどにも合いますよ。

材料（2人前）

〈サーモンのマリネ〉
サーモン（生食用。ブロック）…300g
塩…小さじ1／2　コショウ…少々　EXVオリーブ油…100mℓ

〈燻しバターの生クリームソース〉
無塩バター…150g　稲わら…適量
生クリーム…100mℓ
【A】ニンジン（ざく切り）…100g、玉ネギ（ざく切り）…100g、セロリ（ざく切り）…100g、水…500mℓ、塩・コショウ…各少々、薄口醤油…小さじ1、旨み調味料…少々、レモン汁…30mℓ
タイム・レモングラス…各適量

〈あしらい〉スナップエンドウ・菜の花の軸・サツマイモ・ニンジン…各30g　吸地八方だし（P135参照）…適量　ベビーリーフ・イクラの醤油漬け・花穂ジソ…各適量

作り方

❶サーモンに塩・コショウをし、EXVオリーブ油を刷毛で塗る。ラップで包んで冷蔵庫で半日寝かし、冷凍庫で凍らせた後にスライスする。
❷**〈燻しバターの生クリームソース〉**を作る。無塩バターを1㎝厚さに切って焼網にのせ、冷凍庫で冷やしておく。
❸一斗缶に稲わらを詰めて火をつけ、②を30秒間燻す。
❹**【A】**を鍋に合わせて中火で15分煮る。火を止めてからタイム・レモングラスを加えて5分おき、ザルで漉す。
❺③、④、生クリームを鍋に合わせて中火にかける。バターが溶けてひと煮立ちしたら塩、コショウ、薄口醤油で調味する。レモン汁を加え、とろみがつくまでハンドミキサーで撹拌する。
❻菜の花の軸を塩茹でして5㎝長さに切り、吸地八方だしに10分ほど浸ける。
❼スナップエンドウを塩茹でし、吸地八方だしに10分ほど浸けて斜め薄切りにする。
❽サツマイモを吸地八方だしで炊き、イチョウ型で抜く。ニンジンも吸地八方だしで炊き、モミジ型で抜く。
❾①を写真のように器に盛り、中央に⑥を詰める。⑤を静かに注いで⑦、⑧、ベビーリーフを飾り、イクラの醤油漬け・花穂ジソを散らす。

カリフラワーとブロッコリーの豆板醤胡麻油和え

ピリ辛い豆板醤ソースを茹で野菜に絡めていただく中華風の一皿。黒ゴマと白ゴマで香ばしく仕上げます。

材料（2人前）

カリフラワー…300g
ブロッコリー…300g
オクラ…2本
カラフルトマト…6個
豆板醤…大さじ2
ゴマ油…大さじ2
黒ゴマ・白ゴマ…各適量

作り方

❶カリフラワー、ブロッコリーを小房に分けて下茹でする。
❷オクラは塩茹でして輪切りし、カラフルトマトは湯剥きする。
❸フライパンにゴマ油を熱し、豆板醤を加えて混ぜ合わせる。
❹③を器に敷き、①を盛る。②を添えて黒ゴマ・白ゴマを散らす。

神戸牛のクレープ巻き シャンピニオンソース

薄紅色をしたサクラ風味のクレープが
春らしい趣のある味わい。
マッシュルームの旨み濃厚なソースを添えました。

材料（2人前）

牛モモ肉…120g　塩…小さじ1　コショウ…少々　サラダ油…適量

〈シャンピニオンソース〉【A】マッシュルーム…10g、ニンニク…適量、玉ネギ…20g　バター…25g　オリーブ油…15㎖　生クリーム…100㎖　白ワイン…80㎖　塩・コショウ…少々

〈クレープ生地〉薄力粉…50g、水…100㎖　桜の葉の塩漬け…2枚　食紅…少々　サラダ油…適量

〈あしらい〉菜の花…16g　カリフラワー…20g　ブロッコリー…20g　菊花…適量　野菜八方だし（P135参照）…適量　紫玉ネギ・パプリカ…各適量　クコの実・レモン（スライス）・花穂ジソ…各適量

作り方

❶**〈シャンピニオンソース〉**を作る。バター、オリーブ油を鍋に熱し、みじん切りにした**【A】**を弱火でじっくり炒める。
❷水分が出てしんなりしてきたら生クリームを加え、少しとろみがでてきたら白ワインを加える。1／3量になるまで煮詰め、塩・コショウで味を調える。

❸**〈クレープ生地〉**を作る。桜の葉の塩漬けを水に浸けて20分ほどおく。その水で薄力粉を溶き、食紅で色を付ける。フライパンにサラダ油を熱して生地を薄くのばし、中火で両面を焼く。

❹菜の花を塩茹でして野菜八方だしに浸けておく。
❺カリフラワー、ブロッコリー、菊花は下茹でして野菜八方だしに浸けておく。
❻紫玉ネギはスライスして10分ほど水にさらし、水気を切っておく。パプリカはスライスする。
❼牛モモ肉を細切りする。フライパンにサラダ油を熱して中火で焼き、塩、コショウで調味する。粗熱をとり、③で巻く。
❽器に①を敷いて⑦を盛る。⑥、クコの実、④、花穂ジソ、レモンを飾り、⑤を添える。

燻《いぶ》りサーモン イクラ添え

燻香漂うサーモンの下に
シンプルなポテトサラダを潜ませて。
ちょっとしたサプライズが喜ばれます。

材料（2人前）

サーモン（生食用）…200g　塩…10g　燻製チップ（桜）…50g
〈**ポテトサラダ**〉ジャガイモ…120g　ニンジン…20g
【A】パルメザンチーズ…20g、マヨネーズ…60g、塩…適量、コショウ…少々
〈**あしらい**〉インゲン豆…20g　エリンギ…25g　金時ニンジン…30g　吸地八方だし（P135参照）…適量　イクラの醤油漬け・カラフルトマト・チャービル・…各適量　黄身酢…適量

作り方

❶サーモンに塩をして20～30分おき、水気を拭く。燻製チップで10分ほど燻す。
❷〈**ポテトサラダ**〉を作る。ジャガイモ、ニンジンを適当な大きさに切る。塩茹でして裏漉し、【A】で調味する。
❸インゲン豆は塩茹でし、エリンギは食べやすい大きさに割く。金時ニンジンは1cm四方に切り、それぞれ吸地八方だしで炊く。
❹器に②を盛り、スライスした①を上にのせて黄身酢をかける。③、イクラの醤油漬け、カラフルトマトを添えてチャービルを飾る。

※黄身酢の作り方：卵黄5個分、砂糖大さじ1、酢15㎖、薄口醤油5㎖を小鍋に合わせて湯煎にかけ、とろみがついたら湯煎から外す。

鶏ササ身とインゲン豆の浜納豆炒め

中華料理によくある豆鼓炒めを浜納豆でアレンジしたシンプルな炒め物。独特の酸味と強い塩気がクセになります。

材料（2人前）

鶏ササミ肉…150g
インゲン豆…80g
浜納豆…30g
花椒（中国山椒）…15g
サラダ油…大さじ1
木ノ芽…適量

作り方

❶鶏ササミ肉を食べやすい大きさに切る。
❷フライパンにサラダ油、花椒、浜納豆を熱し、香りが出てきたら①、インゲン豆を加えて中火で炒める。
❸器に盛り、木ノ芽を天盛りする。

7章

盛付け・器づかいを展開する

盛付けや器づかいは、料理の魅力を高める大きな要素になります。特に現代は、自分が訪れた店の料理写真を撮り、ＳＮＳなどのネットで友人や知人に送って感動を伝えようとする人が増えています。この拡散効果が集客に威力を発揮します。

これは高級な器がいいということではなく、グラスや洋食器などおしゃれな器に盛る、野菜などに食彩細工を施して作った野菜を器に使うなど、オリジナル性の高い器づかいが現代のお客様に感動を与えます。盛付けも、季節感を感じさせる細工を施したり、ミルフィーユ仕立てのような、従来の日本料理にない新しい感覚が話題を拡げます。

柚子釜の三点盛り

ユズ釜に盛って並べるだけで、
料理の格がグンと上がって贅沢な印象に。
今回は酒肴としても最適の3品を揃えました。

ガラエビの玉味噌和え

[材料] 2人前
ユズ釜…2個　ガラエビ…50g　パプリカ…10g　軸三ツ葉…適量【A】白味噌…250g、卵黄…5個分、みりん…50㎖、酒…50㎖、砂糖…75g
吸地八方だし（P135参照）…100㎖
クコの実…適量

[作り方]
❶ガラエビは塩茹でして殻を剥き、パプリカは茹でて角切りする。
❷軸三ツ葉は茹でて吸地八方だしに漬ける。
❸【A】を小鍋に合わせて中火にかけ、木杓子で練る。つやが出てきたら火から下ろして裏漉す。
❹①を③で和えてユズ釜に盛り、②、クコの実を飾る。

サンマの南蛮漬け

[材料] 2人前
ユズ釜…2個　サンマ（三枚に下ろしたもの）…片身　玉ネギ…25g　ニンジン…20g　塩…少々　片栗粉・揚げ油…適量
【A】合わせだし（P134参照）100㎖、薄口醤油20㎖、酢20㎖、みりん20㎖、砂糖小さじ1、赤唐辛子（輪切り）…1本
針ユズ…適量

[作り方]
❶サンマに塩をしてひと口大に切り、片栗粉をまぶして180℃で揚げる。
❷【A】を小鍋に合わせてひと煮立ちさせる。熱いうちに①、スライスした玉ネギとニンジンを加え、浸けておく。
❸ユズ釜に②を盛り、針ユズを飾る。

ホッキ貝のみぞれ和え

[材料] 2人前
ユズ釜…2個　ホッキ貝…40g　枝豆…10粒　ニンジン…20g　菊花…10g
甘酢（P135参照）…50㎖　ダイコンおろし…25g　土佐酢（P135参照）…50㎖

[作り方]
❶ホッキ貝を塩茹でする。枝豆は塩茹でしてサヤから外し、薄皮を剥く。
❷ニンジンは拍子木切りして下茹でし、甘酢に漬ける。
❸①、②をボウルに合わせてダイコンおろし、土佐酢を加えて和える。
❹ユズ釜に③を盛り、茹でた菊花を添える。

秋の八寸

色とりどりに染まる秋山の風情を
旬の素材を用いて映しとった艶やかな八寸。
モミジやイチョウなど形でも秋を演出します。

松茸と柿の胡麻クリーム和え

［材料］3人前

マツタケ…3本　柿…60g　サツマイモ…30g　クチナシ…3個　枝豆（塩茹で）…12粒　ナシ（角切り）…60g　モミジ麩…3個　菊花…適量　野菜八方だし（P135参照）…300㎖　吸地八方だし（P135参照）…200㎖　甘酢（P135参照）…90㎖　胡麻クリーム（P58参照）…90㎖

［作り方］❶マツタケは適当な大きさに割いて吸地八方だし100㎖で炊き、サツマイモは角切りしてクチナシと共に野菜八方だしで炊く。❷モミジ麩は吸地八方だし100㎖で炊き、菊花は茹でて甘酢に漬けておく。❸柿の実をくり抜いて柿釜にし、実は角切りにする。❹①、枝豆、ナシ、③の柿の実を胡麻クリームで和えて③の柿釜に盛り、②を飾る。

穴子の八幡巻き

［材料］3人前

穴子…1と1／2尾　ゴボウ…225g　水溶き片栗粉…適量　サラダ油…適量

【A】砂糖…16g、酒…30㎖、濃口醤油30㎖、たまり醤油20㎖、みりん…30㎖

菊花…適量　甘酢（P135参照）…50㎖

［作り方］❶穴子を開き、拍子木切りしたゴボウを巻いてつまようじで巻き終わりを留める。❷フライパンにサラダ油を熱して①の表面を焼き、【A】を加える。蓋をして弱火で蒸し煮し、煮汁にとろみがつくまで煮詰める。1.5㎝厚さに切り、茹でて甘酢に漬けた菊花を添える。

蛸の柔らか煮

［材料］3人前

タコ足…40g　【A】合わせだし（P134参照）…400㎖、酒…100㎖、砂糖…50g、濃口醤油40㎖、たまり醤油10㎖、みりん…10㎖、酒…50㎖、砂糖…75g

［作り方］❶タコの足を一本ずつ切り離し、熱湯に通して冷水に取り、汚れやぬめりを洗い流す。❷【A】を煮立たせて①を加え、落し蓋をして弱火で20分ほど炊き、食べやすい大きさに切る。

秋刀魚の幽庵焼き

［材料］3人前

サンマ（三枚に下ろしたもの）…1尾

【A】薄口醤油90㎖、酒90㎖、みりん…90㎖、ユズ…適量　絹サヤ…6本　野菜八方だし（P135参照）…200㎖　ラディッシュ・金山寺味噌…各適量

［作り方］❶サンマを食べやすい大きさに切り、皮目に庖丁を入れる。❷【A】をひと煮立ちさせて冷まし、スライスしたユズを加え、①を40分ほど浸ける。❸②を焼いて器に盛る。❹絹サヤを野菜八方だしで炊き、細切りする。スライスしたラディッシュ、金山寺味噌と共に③に添える。

モミジカステラ

［材料］3人前

【A】白身魚のすり身…100g、溶き卵…6個分、煮切りみりん…90㎖　サラダ油…適量

［作り方］❶【A】をフードプロセッサーにかけて混ぜ合わせる。❷玉子焼き器に

サラダ油を熱し、①を流し込む、ホイルで蓋をして弱火で10分ほど焼き、モミジ型で抜いて器に盛る。

イチョウゼリー

[材料] 3人前
【A】レモン汁…5㎖、水…100㎖、砂糖…20g　粉ゼラチン…5g
[作り方] ❶【A】を鍋に合わせて火にかけ、水20㎖（分量外）でふやかした粉ゼラチンを溶かす。❷粗熱を取ってバットに流し、冷蔵庫で冷やし固める。イチョウ型で抜いてモミジカステラに添える

銀杏豆腐の柚子釜

[材料] 3人前
ユズ釜…3個　ギンナン豆腐（P77参照）…3個　パプリカ…適量　吸地八方だし（P135参照）…100㎖　イクラの醤油漬け…大さじ1　ベビーリーフ…適量
[作り方] ❶パプリカは細切りして吸地八方だしで炊く。❷ユズ釜に1.5㎝角に切ったギンナン豆腐を盛り、①、イクラの醤油漬け、ベビーリーフを飾る。

海老団子のオランダ煮

[材料] 3人前
【A】エビ（剥き身）…15尾、ショウガの搾り汁…適量、ネギ（みじん切り）…適量、片栗粉…大さじ1と1／2、酒…23㎖、塩・濃口醤油…各少々
【B】合わせだし（P134参照）…200㎖、塩…少々、濃口醤油…15㎖、みりん…15㎖　ニンジン・野菜八方だし（P135参照）…各適量
[作り方] ❶ボウルに【A】を合わせ、粘りが出るまで混ぜ合わせる。❷①を直径2㎝ほどに丸め、170℃で揚げる。❸鍋に【B】を合わせてひと煮立ちさせ、②を加えて数分煮る。❹ニンジンを野菜八方だしで炊く。❺③を器に盛り、④をのせる。

車海老の芝煮

[材料] 3人前
車エビ（殻付き）…3尾　【A】合わせだし（P134参照）…200㎖、酒…100㎖、薄口醤油…30㎖、濃口醤油…10㎖、みりん…10㎖、ショウガ（スライス）…2〜3枚
長芋…適量　野菜八方だし（P135参照）…100㎖　ギンナン・ムカゴ…各適量
[作り方] ❶車エビの背ワタを取って串を打ち、霜降りにする。❷【A】を鍋に合わせてひと煮立ちさせ、①をサッと煮て取り出し、冷ました煮汁に戻して味を含める。❸長芋をレンコンの形に整形し、野菜八方だしで炊く❹ギンナンを素揚げする。ムカゴは塩蒸しして皮を一部剥き、マツタケに見立てる。それぞれ写真のように松葉に刺す。❺②、③を器に盛り、④を添える。

蒸しサザエのクリームチーズ射込み焼き

クリームチーズたっぷりの醍醐あんをかけ焼いたサザエのグラタン仕立て。大葉の香りが食欲をそそります。

材料（2人前）

サザエ（殻付き）…200g　里芋…2個　ニンジン…20g　サツマイモ…20g　絹サヤ…1本　野菜八方だし（P135参照）…300㎖

〈醍醐あん〉

クリームチーズ…100g　大葉（みじん切り）…3枚　煮切り酒…60㎖　薄口醤油…10㎖

モミジ…適宜

【A】合わせだし（P134参照）…1ℓ、昆布…5g、濃口醤油…40㎖、みりん…40㎖

【B】赤味噌…250g、卵黄…5個分、みりん…50㎖、酒…50㎖、砂糖…75g

作り方

❶サザエを殻から取り出して【A】と共にバットに入れてラップをし、スチームコンベクションの煮込みモードで1時間蒸し煮する。煮汁から取り出してスライスし、再び殻に戻す。

❷〈醍醐あん〉の材料を混ぜ合わせて①に注ぎ、160℃に予熱したスチームコンベクションで焼く。

❸【B】を小鍋に合わせて中火にかけ、木杓子で練る。つやが出てきたら火から下ろして裏漉す。

❹ニンジンはモミジ型に抜き、サツマイモはイチョウ型に抜く。それぞれ野菜八方だし100㎖で炊く。絹サヤは野菜八方だし100㎖で炊き、細切りする。

❺里芋を塩茹でして中をくり抜き、③を適量入れ、④を盛る。

❻②を器に盛り、⑤を添えてモミジを飾る。

野菜スティック三種の味噌ディップ

味わい異なる三種の味噌ディップに旬菜を活けるように飾ったインパクトあるビジュアル。お子様にも大変喜ばれます。

材料（2人前）

カリフラワー・ブロッコリー・ニンジン・カラフルトマト・ラディッシュ…各適量

【A】オクラ・ヤングコーン・インゲン豆・アスパラガス…各適量

〈バター白味噌ディップ〉白味噌…100g　シメジ（みじん切り）…20g　刻みネギ…15g　サラダ油…適量　無塩バター…10g

〈赤味噌ディップ〉赤味噌…100g　マイタケ（みじん切り）…30g　卵黄…1個分

〈エノキタケ白味噌ディップ〉白味噌…100g　エノキタケ（みじん切り）…30g　梅肉…大さじ2　刻みネギ…30g、サラダ油…10㎖

作り方

❶カリフラワー、ブロッコリーは小房に分けて茹で、ニンジンは拍子木切りにする。【A】は塩茹でして冷ます。

❷**〈バター白味噌ディップ〉**を作る。小鍋にサラダ油を熱してシメジ、刻みネギを中火で炒め、しんなりしてきたら白味噌、無塩バターを加え混ぜて冷ます。

❸**〈赤味噌ディップ〉**を作る。材料すべてを小鍋に合わせて中火にかけ、木杓子で練る。つやが出てきたら火から下ろして冷ます。

❹**〈エノキタケ白味噌ディップ〉**を作る。小鍋にサラダ油を熱してエノキタケ、刻みネギを中火で炒め、しんなりしてきたら白味噌を加え混ぜて冷ます。

❺②〜④を混ざらないように丁寧に器に入れる。①、カラフルトマト、ラディッシュを写真のように盛り付ける。

寒八
雲丹
鯛
鮪

造り盛合せ

魚の名前を書いたプレートを添えると
丁寧さが増し、食べ手も心が浮き立ちます。
醤油は動きのある皿にまとめて楽しい印象に。

材料（2人前）

タイ（生食用）…60g
ウニ（生食用）…40g
マグロ（生食用）…60g
カンパチ（生食用）…60g
〈あしらい〉紅芯ダイコン・ダイコン・ニンジン・キュウリ・菜の花・大葉・ラディッシュカラフルトマト・エディブルフラワー…各適量
【A】豆板醤…大さじ1、玉味噌…90㎖
造り醤油・スダチ・ワサビ…各適量

※玉味噌の作り方：白味噌100g、卵黄1個分、酒・みりん各大さじ1、砂糖小さじ1を小鍋に合わせて中火にかけ、木杓子で練る。つやが出てきたら火から下ろして冷ます。

作り方

❶タイ、ウニ、マグロ、カンパチは厚めに切る。
❷紅芯ダイコンはイチョウ切りに、ダイコン・ニンジン・キュウリはスティック状に切る。ラディッシュはスライスし、菜の花は茹でる。
❸器にかき氷を敷き込み、①を器に盛る。②、カラフルトマト、大葉、エディブルフラワーを飾る。
❹混ぜ合わせた【A】、造り醤油、スダチ、ワサビを各々皿に盛って添える。

小鯛のソテー 白子のすり流しと蕪蒸し添え

マットな黒の洋皿に盛りつけることでフレンチ風のビジュアルに。白子のすり流しの白が映えてきれいです。

材料（2人前）

小ダイ（切り身）…60g　バター…60g
塩・コショウ…各少々

〈白子のすり流し〉
フグの白子…200g　昆布だし（P134参照）…100㎖

〈蕪蒸し〉
カブ（すり下ろし）…2個　卵白…1個分
塩…少々　薄口醤油…小さじ1　旨み調味料…小さじ2／3　片栗粉…大さじ2

〈あしらい〉
菜の花…30g　金時ニンジン…30g　野菜八方だし（P135参照）…300㎖　ウニ…60g

作り方

❶菜の花、拍子木切りした金時ニンジンを茹で、それぞれ野菜八方だし100㎖に15分ほど浸ける。
❷〈**蕪蒸し**〉を作る。材料をフードプロセッサーにかけてしっかり混ぜ合わせる。ラップで包んでバットに並べ、160℃に予熱したスチームコンベクションで12分蒸す。
❸〈**白子のすり流し**〉を作る。フグの白子を昆布だしで炊き、フードプロセッサーにかける。
❹フライパンにバターを溶かして小ダイを焼き、塩・コショウで調味する。
❺②を器に盛って③を注ぎ、④をのせる。ウニを天盛りし、①を添える。

〆鯖の燻製 菊盛サラダ

燻製した〆サバは身が締まって深みが増幅。
フグの薄造りの如く
菊に見立てた盛付けにすると華やかです。

材料（2人前）

〈〆サバの燻製〉
サバ（生食用）…300g　塩…適量　酢…360㎖　燻製チップ（桜）…30g

〈あしらい〉
ダイコン・チシャトウ…各適量　甘酢（P135参照）…適量　菜の花・金時ニンジン・オクラ・ヤングコーン・紅芯ダイコン…各適量　キュウリ・ミニトマト・スダチ・花穂ジソ…各適量

〈酢味噌〉
玉味噌（P115参照）…100g　酢…大さじ3　薄口醤油…小さじ1

作り方

❶サバは三枚に下ろして塩をし、1時間ほどおく。キッチンペーパーで水気を拭いてバットに移し、酢をひたひたに入れる。上下を裏返して計30分ほど漬ける。

❷①の水気を拭き、燻製チップで20分燻《いぶ》す。

❸ダイコンは柏子木切りに、チシャトウは適当な大きさに切り、それぞれ塩茹でして甘酢に15分ほど漬ける。

❹菜の花は葉と軸に切り分け、金時ニンジンは拍子木切りしてそれぞれ塩茹でする。オクラ、ヤングコーンはそのまま塩茹でする。紅芯ダイコンはイチョウ切りにする。

❺〈**酢味噌**〉を作る。玉味噌に酢を少しずつ加えてのばし、とろりとしたら薄口醤油で味を調える。2㎝長さに切って中をくり抜いたキュウリに適量を入れる。

❻②をそぎ切りして器に菊盛りする。写真のように③、④、⑤、ミニトマト、スダチ・花穂ジソを飾る。

鯛の昆布〆ミルフィーユ仕立て

昆布〆して旨みを加えたタイを薄切りしたキュウリやパプリカと何層にも積み重ね、フレンチ風の装いにしました。

材料（2人前）

タイ（生食用）…150g
キュウリ…30g
ラディッシュ…20g
パプリカ…15g
昆布…100g
塩…適量
黄身酢（P101参照）…20g
梅肉…5g
ウニ・チャービル…各適量

作り方

❶タイに塩をして水気を拭き、昆布に挟んで30分おく。
❷キュウリはピーラーで細長く剥き、塩もみする。
❸ラディッシュ・パプリカはスライスする。
❹①～③を写真のように重ねて器に盛り、ウニ・チャービルを飾る。黄身酢、梅肉を添える。

大納言ケーキ

ゼラチンも使って柔らかめに固めた羊羹をイチゴや生クリームでデコレーションした可愛らしいクリスマスケーキ風のデザートです。

材料（直径15㎝の丸型1個分）

小豆…150g　水…580㎖　三温糖…120g　粉ゼラチン…2g　棒寒天…1本（8g）　イチゴ…2個　生クリーム…100㎖　グラニュー糖…20g　ミントの葉・黒ゴマ…適量

作り方

❶小豆を茹でこぼして鍋に戻し、かぶるくらいの水を加えて強火にかける。沸騰したら中火にして蓋をし、差し水をしながら40分ほど柔らかくなるまで煮る。

❷煮汁を捨てて三温糖を加え、中火にかけて小豆の粒が潰れないように混ぜる。水分が飛んでもったりしてきたら塩を加え、バットに移して粗熱をとる。

❸水30㎖でふやかした粉ゼラチン、水200㎖で戻して水気を絞った棒寒天、水350㎖を鍋に合わせて煮溶かし、②を加えて混ぜる。

❹粗熱をとって丸型のバットに流し、冷蔵庫で冷やし固める。

❺④を器に盛り、イチゴ、グラニュー糖を加えて泡立てた生クリーム、ミントの葉、黒ゴマで写真のように装飾する。

8章 演出・表現法を展開する

モクモクと湯気を上げながら運ばれてくる料理、客席でジュウジュウと音を立てる焼き物…など、演出性の高い料理は、お客様に感動を与え、口コミを拡げます。

日本料理の調理は、客席の裏の厨房やカウンター内の調理場で行なわれ、仕上げられた料理が客席に運ばれてくるのが一般的でした。しかし現在、お客様の目の前で料理のおいしさや素晴らしさを伝え、食事の楽しさをつくる客前調理が喜ばれています。さらに、客前で調理師自身が料理の説明をしたり、料理にまつわる物語や知識を披露することで、一層話題性が高まります。これからの時代は見る楽しさ、聞く楽しさが日本料理に必要なってくるのです。

釜盛り四種

トマトやリンゴなど旬の野菜や果物を器にして
彩り豊かで風情ある盛合せに。
ドライアイスの煙で幻想的な雰囲気を演出します。

雲子のポン酢和え トマト釜

［材料］3人前
雲子（タラの白子）…50g
ミディトマト…3個
ポン酢（P135参照）…適量
刻みネギ…適量

［作り方］
❶ミディトマトの中をくり抜いてトマト釜にする。
❷タラの白子を塩揉みしてから熱湯で茹で、ポン酢で和える。
❸②を①に盛り、刻みネギを天盛りする。

烏賊の醤油麹和え 柚子釜

［材料］3人前
イカ（生食用）…50g
醤油こうじ…10g
ユズ釜…3個

［作り方］
❶イカを細切りし、醤油こうじで和える。
❷ユズ釜に①を盛る。

チリメン山椒 林檎釜

［材料］3人前
チリメンジャコ…100g
姫リンゴ…3個
【A】酒…100㎖、濃口醤油…10㎖、みりん…10㎖、実山椒…15g

［作り方］
❶フライパンでチリメンジャコを乾煎りして水分を飛ばす。
❷【A】を加えて中火で数分炒める。弱火に替えて汁気がなくなるまで煮詰める。
❸姫リンゴの中をくり抜いてリンゴ釜にする。
❹③に②を盛る。

カニ身の酢橘釜

［材料］3人前
スダチ…3個
カニ身（ボイル）…50g
土佐酢（P135参照）…15㎖
スダチ果汁…5㎖

［作り方］
❶スダチの実をくり抜いてスダチ釜にし、実は絞る。
❷カニ身を土佐酢、①のスダチ果汁で和えて①のスダチ釜に盛る。

海鮮とキノコの湯煙蒸し

目の前で蒸し上げることで、出来上がりまでの待ち時間も楽しくなる仕掛け。姫リンゴが意外なおいしさです。

材料（1人前）

茹でダコ…30g
車エビ…1尾
蒸しアワビ（P45参照）…1個
花びらダケ…20g
カモキダケ…20g
エノキダケ…20g
シイタケ…1個
シメジ…20g
カボチャ…20g
ニンジン…15g
姫リンゴ…1個
吸地八方だし（P135参照）…適量
ポン酢（P135参照）…適量
発熱剤…2パック（100g）

作り方

❶茹でダコをぶつ切りにする。
❷車エビは背ワタを取り、シイタケは十字に庖丁を入れ、その他のキノコは小房に分ける。それぞれ下茹でして吸地八方だしに浸ける。
❸カボチャはスライスしてグリルし、ニンジンは下茹でしてモミジ型に抜く。
❹木箱の上段に①〜③、蒸しアワビ、姫リンゴを並べる。
❺木箱の下段に発熱剤を仕込み、水適量をかけて蓋をして蒸す。ポン酢でいただく。

雲海すき焼き

金箔をあしらったふわふわの綿あめはインスタ映えも抜群。
客席でプロの手で仕上げることで
ぐっと特別感が増します。

材料（1人前）

牛ロース肉…200g
春菊…60g
赤コンニャク…30g
車麩…40g
ネギ…40g
綿あめ…200g
金箔・牛脂…各適量
【A】
砂糖…90g
濃口醤油…100㎖
みりん…100㎖
水…150㎖

作り方

❶【A】を小鍋に合わせてひと煮立ちさせておく。
❷すき焼き鍋に牛脂、綿あめ、金箔を盛る。牛ロース肉を上にのせて火にかけ、綿あめが溶け始めたら①を適量加えて火を通す。
❸赤コンニャク、車麩、ざく切りした春菊、細切りしたネギを加えて煮る。

だし巻き玉子

客前でだし巻き玉子を焼く鮮やかな手付きは
いわば、見るご馳走。
世代・国籍を問わず喜ばれるパフォーマンスです。

材料（2人前）

【A】
溶き卵…200㎖
合わせだし（P134参照）…100㎖
塩…適量
薄口醤油…小さじ1／2
サラダ油…適量
ガリ…適量

作り方

❶卵焼き器にキッチンペーパーでサラダ油を塗り、中火にかけて混ぜ合わせた【A】の1／4量を流し込む。焼けたら奥から手前に巻き、奥に移動させる。

❷手前の空いた部分にキッチンペーパーでサラダ油を塗り、【A】の1／4量を流し込む。焼けたら奥から手前に巻き、奥に移動させる。あと2回同じ作業を繰り返し、巻きすにのせて巻き、形を整える。4等分して器に盛り、ガリを添える。

海鮮チョコチーズタコ焼き

客前で仕立てる焼き立て熱々のタコ焼きは格別の味。チョコとチーズという意外なトッピングで遊び心をプラスしてみました。

材料（8個分）

〈生地〉
薄力粉…200g
強力粉…100g
卵…3個
水…1ℓ

エビ（剥き身）…30g
茹でダコ…50g
ホタテ貝柱…40g
プロセスチーズ（溶けるタイプ）・チョコレート…各適量
サラダ油・笹の葉・チャービル…各適量

作り方

❶エビ、茹でダコ、ホタテ貝柱をひと口大に切る。
❷**〈生地〉**の材料すべてをボウルに混ぜ合わせる。
❸タコ焼き器にキッチンペーパーなどでサラダ油を塗り、中火にかける。①を入れて②を注ぎ、プロセスチーズ、刻んだチョコレートを加える。ある程度火が通ったらひっくり返して丸くなるよう整える。
❹器に笹の葉を敷いて③を盛り、チャービルを飾る。

基本のだしの作り方と八方だしの配合

合わせだし

［材料］
昆布…20g、カツオ節…30g、水…1ℓ

［作り方］
❶水に昆布を浸して2〜3時間おき、中火にかける。
❷沸騰直前で昆布を引き上げて火を止め、すぐにカツオ節を加える。
❸カツオ節が沈んだらアクを丁寧にすくい取り、ネル地の布で静かに漉す。

カツオだし

［材料］
カツオ節…20g、水…1ℓ

［作り方］
❶鍋に湯を沸かし、カツオ節を加えてすぐに火を止める。カツオ節が沈むのを待ち、アクを丁寧にすくい取る。
❷ネル地の布で静かに漉す。

昆布だし

［材料］
昆布…20g、水…1ℓ

［作り方］
❶水に昆布を浸して2〜3時間おき、中火にかける。
❷沸騰直前で昆布を引き上げて火を止める。

各種八方だしの配合

八方だし

合わせだし：醤油：みりん：酒：塩＝8：1：0.8：0.2：少量

※薄口を使う場合は薄口八方だし、濃口を使う場合は濃口八方だしとなる。

また、濃口八方だしに葛を引くと、〝鼈甲《べっこう》あん〟に、薄口八方だしに葛を引くと〝銀あん〟になる。

吸地八方だし

合わせだし：薄口醤油：酒：塩＝8カップ：大さじ1：40㎖：少量

※主に食材に薄めに下味を含ませる調理に使用。

野菜八方だし

合わせだし：薄口醤油：みりん＝18：1：1

※やや甘めに煮上げたいときや、野菜にしっかり味を入れる調理に使用。

その他、合わせ調味料

甘酢

［材料］

酢…100㎖、水…200㎖、砂糖…50g

［作り方］

材料を鍋に合わせてひと煮立ちさせ、粗熱をとって保存容器に移す。冷蔵庫で半年間は保存可能。

土佐酢

［材料］

【A】酢…200㎖、合わせだし（P134参照）…200㎖、みりん…70㎖、薄口醤油…50㎖、塩…3g、砂糖…10g

カツオ節…20g

［作り方］

【A】を小鍋に合わせてひと煮立ちさせ、追いガツオして漉す。冷蔵庫で1カ月は保存可能。

ポン酢

［材料］

【A】柑橘酢…250㎖、濃口醤油…200㎖、薄口醤油…50㎖、煮切り酒…50㎖、煮切りみりん…100㎖

昆布…7.5g、カツオ節…20g

［作り方］

調味料に昆布とカツオ節を加え、1週間ほど寝かせてから漉して保存容器に移す。冷蔵庫で1カ月は保存可能。

著者紹介

大田《おおた》忠道《ただみち》

１９４５年兵庫県生まれ。「百万一心味 天地の会」会長。兵庫県日本調理技能士会会長、神戸マイスター、２００４年春「黄綬褒章」受賞。２０１２年「瑞宝単光章」受賞。『中の坊瑞苑』料理長を経て独立。現在、兵庫県有馬温泉で『奥の細道』『四季の彩り旅篭』『関所カフェ』を営む。全国の旅館、ホテル、割烹等に多くの料理長を輩出。テレビや雑誌でも活躍する一方、兵庫栄養製菓専門学校、ベターホーム協会などで調理を教える。著書に「人気の「前菜」「先付け」大全」「和食の人気揚げ物料理」「小鉢の料理大全」「人気の弁当料理大全」「進化する刺身料理」「飲食を楽しくする プロの接客サービス帳」（すべて旭屋出版刊）など多数。

料理制作協力／百万一心味　天地の会

総料理長　森枝弘好（もりえだひろよし）
『山陰・三朝温泉　斉木別館』
〒682-0122 鳥取県東伯郡三朝町山田 70
TEL：0858-43-0331

総料理長　元宗邦弘（もとむねくにひろ）
『かむろみの郷 穴原温泉　匠のこころ 吉川屋』
〒960-0282
福島県福島市飯坂町湯野字新湯 6
TEL：024-542-2226

撮影／東谷幸一、竹中稔彦
デザイン／矢野晋作（yanodesign）
編集／山田　泉

日本料理を展開する
―時代をつかむ料理の作り方―

発行日　平成 31 年 3 月 5 日　初版発行

著者　大田忠道

発行者　早嶋　茂
制作者　永瀬正人
発行所　株式会社 旭屋出版
〒107-0052 東京都港区赤坂1-7-19 キャピタル赤坂ビル8階
TEL：03-3560-9065（販売）　03-3560-9066（編集）
FAX：03-3560-9071
旭屋出版ホームページ　http://www.asahiya-jp.com
郵便振替　00150-1-19572
印刷・製本　株式会社シナノパブリッシングプレス

ISBN978-4-7511-1373-8　C2077